13, rue de Genval B-1301 Bierges - Tél. 32 2 652.18.34
5, rue du Louvre F-75001 Paris

Exley Publications Ltd
16, Chalkhill, Watford, Herts , WD1 4BN,
United Kingdom

isbn 2-87388-030-9
D/1995/7003/2

Une réalisation de Helen EXLEY
Traduction et adaptation française de Bernadette THOMAS
avec la collaboration de Corinne Siaens
Mise en page : 24 heures de pointe
Imprimé sur les presses de Kossuth Printing House Co. Hungary

Les Editions EXLEY remercient les détenteurs de droits de reproduction, artistiques et littéraires, pour leur aimable autorisation de reproduction;
Archiv Fur kunst, Berlin ; Art Institute of Chicago; Mary Evans Picture Library; Fine Art Photographic Library;Giraudon; Museo Chiossone; Mussée d'Art Moderne, Paris; Musée des Beaux-Arts, Tournai; Newlyn Orion Galleries; Scala; Prado, Madrid; Royal Holloway and bedford New College; Telegraph Colour Library; Christiane Collange "je veux rentrer à la maison" Editions Grasset; Michèle Fitoussi "Le Ras-le-Bol des Superwomen", Editions Calmann-Levy.

LES
FEMMES
LES MEILLEURES CITATIONS
Edité par HELEN EXLEY

EXLEY
PARIS, LONDRES

"Je souhaite être tout ce que
je suis capable de devenir..."

KATHERINE MANSFIELD (1888-1923)

"J'ai envie d'être moi, de penser comme moi.
Au lieu de m'étouffer avec un cache-nez
dont je n'ai choisi ni la laine ni la couleur,
laissez-moi respirer avec mon nez."

FRÉDÉRIQUE HEBRARD, "La Citoyenne"

"Ma volonté façonnera mon futur. Que je
rate ou que je réussisse, je ne le devrai à
personne d'autre qu'à moi-même. Je suis
forte; je peux surmonter tous les obstacles
sur ma route ou me perdre comme dans un
labyrinthe. C'est mon choix, ma
responsabilité, gagner ou perdre, je suis
la seule à détenir la clé de ma destinée."

ELAINE MAXWELL

"S'il y a quelque chose à faire, faisons-le. Ne
laissons rien aux mains du hasard, rien aux
mains de quelqu'un qui ne ne me connaît pas.
C'est moi qui me connais le mieux. Alors, je
respire un bon coup et en avant."

ANITA BAKER

"La vie des femmes est trop limitée, ou trop secrète. Qu'une femme se raconte, et le premier reproche qu'on lui fera est de n'être plus femme. Il est déjà assez difficile de mettre quelque vérité à l'intérieur de la bouche d'un homme."

MARGUERITE YOURCENAR, Carnet de notes des Mémoires d'Hadrien.

"A chaque occasion où l'on doit s'arrêter pour regarder la peur en face, on gagne en force, en courage et en confiance. Il faut faire les choses qui nous semblent impossibles."

ELEANOR ROOSEVELT (1884-1962)

"J'ai toujours grandi à partir de mes difficultés et de mes défis, à partir de choses qui n'allaient pas bien; c'est dans ces occasions là que j'ai vraiment appris quelque chose."

CAROLE BURNETT

"Nous prenons acte de la naissance d'une irréductible volonté féminine de partager l'univers et les enfants avec les hommes. Et cette volonté là changera sans doute la future condition humaine."

ELISABETH BADINTER, "L'Amour en plus"

“Les femmes ont toujours été gardiennes
de la sagesse et de l’humanité.
Ce qui fait d’elles des chefs naturels,
malgré leur discrétion.

Le temps est venu pour elles de gouverner ouvertement, mais ensemble avec les hommes et pas contre eux."

CHARLOTTE WOLFF (1904-1986)

"Nous faisons autant, nous mangeons autant, nous voulons autant."

SOJOURNER TRUTH (1777-1883)

"L'esclavage prolongé des femmes est la page la plus sombre de l'histoire."

ELISABETH STANTON (1815-1902)

"Les femmes constituent la moitié de la population mondiale, accomplissent presque les deux-tiers de ses heures de travail, reçoivent un dixième du revenu mondial et possèdent moins d'un centième de la propriété mondiale."

RAPPORT DE L'ONU (1980).

"Le coq fanfaronne mais la poule produit."

ANONYME

"Travail de femme! Le ménage est le travail le plus dur au monde! C'est pourquoi les hommes ne le font pas."

EDNA FERBER (1887-1968)

"Non, ce n'est pas une vie que d'être un homme."

ANNIE LECLERQ, "Parole de femme"

"Les femmes sont supposées faire deux fois plus que les hommes en deux fois moins de temps et ce, sans aucune reconnaissance. Heureusement, ce n'est pas trop difficile."

CHARLOTTE WHITTON (1896 -1975)

"Les femmes parlent parce qu'elles ont envie de parler, tandis qu'un homme ne parle que lorsque quelque chose à l'extérieur de lui l'y pousse, par exemple quand il ne trouve pas de chaussettes propres."

JEANNE KERR

"Je refuse d'expédier le sexe mâle tout entier à la pouponnière. Je crois fermement que certains hommes sont mes égaux."

BRIGITTE BROPHY

"Pendant tous ces siècles, les femmes ont servi aux hommes de lunettes qui leur permettaient de se voir deux fois plus importants qu'en réalité."

VIRGINIA WOOLF (1882-1941)

"Des femmes s'arrêtent comme frappées, avec l'air d'avoir dépassé une limite invisible et de s'élancer de l'autre côté de la vie."

COLETTE, "Les Heures longues"
à propos des femmes lors de la Première Guerre mondiale

"Les femmes ont toujours plus peur de la guerre que les hommes parce qu'elles sont mères. Une femme aura toujours un bébé dans les bras, le sien ou celui d'un de ses enfants. Elle sera toujours remplie de peurs pour ses enfants, surtout celle d'être un jour témoin de leur mort."

NATALYA BARANSKAYA

"Debout, toutes les femmes de coeur! (...) déclarons fermement que nous ne laisserons pas les grandes questions être tranchées par des organisations irresponsables. Nous nous sentons trop proches des femmes des autres pays pour permettre à nos fils de s'entraîner à blesser les leurs."

Julia Ward Howe (1819-1910)

"Je refuse de choisir entre mon destin de femme qui travaille et ma vie de mère de famille. Je n'accepte de mourir à longueur d'année ni d'ennui domestique, ni de fatigue professionnelle. Je ne veux voir mes enfants ni deux heures par jour en courant, ni douze heures par jour en criant. Je ne crois ni au travail libérateur, ni au sacrifice féminin inconditionnel. J'ai envie de vivre. Je veux tout à la fois. J'en ai assez d'être une femme coupée en deux!

CHRISTIANE COLLANGE, "Je veux rentrer à la maison"

"Prendre la décision d'avoir un enfant ne dure qu'un moment et pourtant, c'est décider d'avoir pour toujours son coeur en ballade à l'extérieur de soi."

ELISABETH STONE

"Le mouvement de libération de la femme dévoile beaucoup d'aberrations : ce sont les hommes qui subissent la discrimination puisqu'ils ne peuvent porter d'enfants... et que personne ne peut rien y faire, semble-t-il."

GOLDA MEIR (1898-1978)

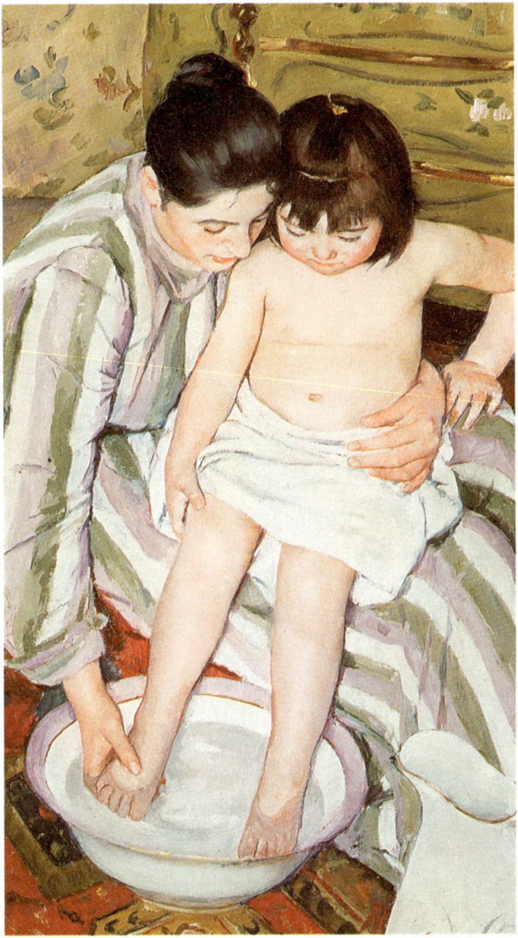

"Il n' y a jamais eu au monde de nations très grandes et vertueuses, parce que le mépris de la femme empoisonne à leur source les vraies fontaines de la vie."

LUCRETIA MOTT (1793-1880)
parlant à la première Convention des Droits de la Femme, 1848

"Le viol n'est rien d'autre
qu'un procédé plus ou moins conscient
d'intimidation par lequel tous
les hommes gardent toutes les femmes
dans un état de crainte."

SUZANNE BROWNMILLER, "Contre Notre Volonté"

"Les femmes en tant que classe sociale n'ont jamais assujetti un autre groupe; nous ne sommes jamais parties en guerre de conquête au nom de la patrie. Nous n'avons jamais été impliquées dans une décision d'annexer un territoire voisin ou de se battre pour des marchés étrangers sur des rivages lointains. Ce sont des jeux auxquels jouent les hommes, pas nous. Nous ne voulons être ni agresseurs ni opprimés. La révolution des femmes est l'ultime de toutes les révolutions.

SUZANNE BROWNMILLER, "La sororité est puissante"
dans le "New York Times" du 15 mars 1970

"Pourquoi déconseillons-nous de voter pour les hommes ? Parce que les hommes sont trop émotifs. Leur conduite au baseball et aux réunions politiques le montre bien ainsi que leur tendance innée au recours à la force. Cela les rend particulièrement peu aptes aux tâches gouvernementales."

ALICE MILLER (1874-1942)

"Les femmes font partie du seul groupe exploité historiquement qui ait été idéalisé pour sa faiblesse!"

ERICA JONG

"Dire qu'être mère est un idéal est tout aussi injuste que de voir la femme simplement comme un objet sexuel."

LIZ SMITH
"Le Livre de la Mère"

"Le culte romantique des vertus domestiques est la méthode la meilleure marché qu'une société ait trouvée pour garder les femmes tranquilles et ne pas considérer sérieusement leurs griefs ou améliorer leur condition."

ALVA MYRDAL ET VIOLA KLEIN
"Les Deux Rôles de la Femme"

"O femme! O femme! Tu es un abîme, un mystère et celui qui croit te connaître est trois fois insensé."

GEORGES SAND

“Ils parlent du domaine de la femme comme
s’il y avait des limites à ce domaine!
Il n’y a aucun endroit sur terre ou au ciel,
Il n’y a aucune tâche humaine,
Aucun bonheur, aucun malheur,

Aucun “oui”, aucun “non” murmuré,
Aucune vie ou mort ou naissance,
Rien, fusse d’un poids de plume,
Sans qu’on y trouve la présence d’une femme.”

D’APRES KATE FIELD (1838-1896)

"Il est vain de dire que les êtres humains se satisfont de la tranquilité; ils ont besoin d'action et ils l'inventeront s'ils ne la trouvent pas. Des millions sont condamnés à un destin plus silencieux que le mien et des millions sont en révolte contre leur sort. Personne ne sait combien de rébellions germent en dehors des révoltes politiques. La réputation des femmes est d'être très calmes; Mais les femmes ont les mêmes aspirations que les hommes; elles ont besoin d'utiliser leurs dons, besoin d'espace pour leurs efforts autant que leurs frères. Elles souffrent des confinements trop rigides, de la stagnation absolue, de la même façon qu'un homme. Ce serait une étroitesse d'esprit de dire qu'elles doivent se limiter à confectionner des desserts, à tricoter des bas, à jouer du piano ou à broder des sacs. Il est inconsidéré de les condamner ou de se moquer d'elles si elles cherchent à faire plus ou à apprendre plus que ce que la coutune a décrété utile à leur sexe."

CHARLOTTE BRONTE (1816-1855), "Jane Eyre"

"A cause de leur si longue formation en relations humaines - c'est en effet de quoi est réellement faite l'intuition féminine - les femmes ont une contribution vraiment spéciale à apporter dans toute entreprise..."

MARGARET MEAD (1901-1978)

"Il ne faut pas les aimer malgré leurs erreurs ou leurs extravagances, mais pour ces erreurs et ces folies précisément, et pour cette leçon d'espérance qu'elles ont donnée à tous les opprimés du monde."

BENOITE GROULT, "Pauline Roland ou comment la liberté vint aux femmes"

"On accuse souvent les femmes de prendre les choses de façon trop personnelle. En réalité, je ne vois aucune autre façon de faire."

MARYA MANNES

"Ce qui est vraiment indispensable pour conduire sa vie nous a été appris par les femmes : les petites règles de courtoisie, les paroles et les attitudes variées pour s'accorder aux caractères des gens ou aux situations diverses, bref toute la stratégie sociale... C'est en écoutant les femmes que nous apprenons à parler aux hommes."

R. DE GOURMONT (1858-1915)

FOYER
ALLIÉES

"J'ai une capacité bien féminine de m'accrocher à une tâche et de persévérer même quand tout le monde se décourage, s'enfuit ou abandonne."

MARGARET THATCHER, Premier Ministre de Grande-Bretagne

"Si une femme est suffisamment ambitieuse, déterminée et douée, il n'y a pratiquement rien qu'elle ne puisse faire."

HÉLENE LAWRENSON (1904-1982)

"Le génie spécifique des femmes consiste, je crois, à être vive, subtile, intuitive et plutôt spirituelle."

MARGARET FULLER (1810-1850)

"Elle menait avec beaucoup de sérieux tout ce qu'elle entreprenait mais elle ne s'est jamais prise au sérieux, ça la rendait légère à vivre ."

CATHERINE DOLTO-TOLITCH, à propos de sa mère

"Je suis prête à parier que les anonymes qui écrivent tant de poèmes sans les signer, sont très souvent des femmes."

VIRGINIA WOOLF (1882-1941)

Tenez, la voilà qui s'avance aussi performante qu'un MacIntosh Plus, chanellisée le jour, alaïasée le soir, une main aux ongles nickel sur son dernier dossier, l'autre tenant avec amour la menotte poisseuse (de gâteau au chocolat maison) d'un chérubin grognon, la bouche Rouge Profond sur celle de l'homme de sa vie, une oreille branchée sur le supermarché par téléphone, l'autre en direct sur la ligne Paris-Tokyo. La voilà qui s'avance, disais-je, d'un pas énergique, à la conquête du monde. Ou au bord de l'abîme. Car souvent l'Enfer touche au Paradis."

MICHELE FITOUSSI, "Le Ras-le-bol des Superwomen."

"Quand un homme prend la parole, les gens écoutent puis regardent. Quand une femme la prend, les gens regardent. Ensuite, s'ils aiment ce qu'ils voient, ils écoutent."

PAULINE FREDERICK (1883-1938)

"Et mets-toi dans la tête, Bélonie, que la Pélagie s'en ira point, elle, se cacher dans les bois, comme les loups, mets-toi ça dans la caboche. Elle grimpera sans se tenir par la rampe dans ta charrette, le pied gauche le premier pour la chance, debout, droite, sans se revirer la tête...les yeux grands ouverts."

ANTONINE MAILLET, "Pélagie-la-Charette"

"Erotisme vient du mot grec eros, la personnification de l'amour sous tous ses aspects… la personnalisation de la puissance créatrice et de l'harmonie. Quand je parle d'érotisme, j'en parle comme d'une affirmation de la force vitale des femmes, de cette énergie créatrice que nous possédons et dont nous réclamons maintenant la connaissance et l'utilisation dans notre language, dans notre histoire, dans notre façon de danser, d'aimer, de travailler, de vivre.

AUDRE LORDE

"Les statistiques qui abreuvent nos jours et nos lectures nous disent que l'individu le plus fatigué, c'est la femme entre 25 et 35 ans qui travaille toute la journée dehors et qui a deux enfants."

LAURENCE PERNOUD, "Il ne fait pas bon être mère par les temps qui courent"

"Moi-même je n'ai jamais pu définir précisément le féminisme : je sais seulement que les gens me traitent de féministe quand j'exprime des sentiments qui me différencient d'un paillasson."

REBECCA WEST (1892-1983)

"Quand on nous refuse le droit de garder notre nom personnel, on nous enlève symboliquement le droit à être un individu. Les fonctionnaires de l'immigration ont fait cela aux réfugiés, les maris le font quotidiennement à leurs épouses."

ERICA JONG

"Messieurs, d'homme à homme, comme un seul homme, parole d'homme, homme de métier, homme de loi, homme de lettres, homme orchestre, homme de la rue, homme des bois, homme-sandwich, one man show, homme d'état, grand-maître, chef d'oeuvre, homme de Dieu, fraternité, fils d'hommes libres, homme nouveau, la foi de nos pères, les pères de l'Eglise, Dieu le Père, Dieu le Fils, mes hommages, fraternellement vôtre, amen. Les mots me manquent!"

STEPHANIE DOWRICK

"Je suis épuisée par la peine de mon pays. Je ne peux rien pour toutes ces femmes, mes soeurs de là-bas. Je sais que j'ai réussi, en ce qui dépendait de moi et de moi seule. Réussi à sauver mes filles.

DALILA KEROUANI, "Une fille d'Algérie"

"...ce sont elles, et elles seules qui
expérimentent les révolutions de la vie privée.
Et je crois qu'après les jeunes, les seuls
"mutants" sont les femmes."

MÉNIE GRÉGOIRE, "Les cris de la vie"

"Pourquoi donc, les femmes ont-elles besoin
de pouvoir? Parce que le pouvoir, c'est
la liberté. Le pouvoir nous permet
d'accomplir ce qui est important à nos yeux,
de la façon que nous jugeons
la plus appropriée.
Il permet de passer du rêve à la réalité."

PATTI MANCINI

"En éducation, dans leur mariage, en religion,
en tout, la déception est le sort des femmes.
L'oeuvre de ma vie sera d'approfondir
cette désillusion dans le coeur de
chacune juqu'à ce qu'elles ne puissent
plus la supporter."

LUCY STONE (1818-1893)

"Il faut que l'homme apprenne à se taire. Ce doit être là quelque chose de très douloureux pour lui. Faire taire en lui la voix théorique (...) Il faut qu'il se soigne."

MARGUERITE DURAS, "La création étouffée"

"Une femme ordinaire préfère posséder la beauté plutôt que l'intelligence car elle sait que l'homme ordinaire voit beaucoup mieux qu'il ne réfléchit."

"LADIES HOME JOURNAL", 1947

"Soit dit en passant, je voudrais rappeler que la première fois qu'il en a eu l'occasion, Adam a laissé tomber le blâme sur la femme."

NANCY ASTOR (1879-1964)

"A l'époque, le simple fait de se réunir dans un café était un événement : voir un groupe de femmes "seules" (les femmes sont toujours seules quand elles sont sans hommes...) entrer, s'installer, commander à boire était un spectacle inhabituel."

MARIE DENIS

"La tâche la plus dure d'une fille est de prouver à un homme que ses intentions sont sérieuses."

HELEN ROWLAND (1875-1950)

"Sa colère est au zénith, elle ne comprend pas qu'on puisse faire abstraction des épouses, comme si les femmes étaient "dangereuses".

LILLY MARCOU
à propos d'Elsa Triolet, femme d'Aragon

"Je ne crois pas que l'homme soit l'ennemi naturel de la femme mais peut-être son avocat l'est-il!"

SHANA ALEXANDER

"C'est comme si les femmes faisaient partie d'une race de bric et de broc. Les hommes conduisent de grosses cylindrées gonflées et clinquantes tandis que nous courons tant que nous pouvons avec de vieilles chaussures de tennis achetées en vitesse dans une brocante locale."

NAOMI WEISSTEIN

"C'est par le travail que la femme a en grande partie franchi la distance qui la séparait du mâle; c'est le travail qui peut seul lui garantir une liberté concrète."

SIMONE DE BEAUVOIR, "Le Deuxième Sexe"

"A l'âge de 13 ans, alors que je portais des gants blancs et un décolleté sage pour aller au cours de danse, je me suis dit que jamais personne ne devrait être obligé de danser toute sa vie à reculons."

JILL RUCKELSHAUS

"Le rôle des femmes dans le monde d'aujourd'hui est tellement plus dur que celui des hommes que je sursaute chaque fois que j'entends un homme se plaindre."

KATHARINE HEPBURN

"Deviens vraiment experte en quelque chose. En n'importe quoi. Alors la question que tu sois une femme ne leur viendra pas à l'esprit, ou à peine."

DR. JANINE COOPER

"Personne ne peut vous faire sentir inférieure sans votre propre consentiment."

ELEANOR ROOSEVELT (1884-1962)

"Nous ne sommes écrasées que quand nous acceptons qu'il en soit ainsi."

NATHALIE SARRAUTE

"Nous ne sommes plus comme nos aînées des combattantes; en gros, nous avons gagné la partie."

SIMONE DE BEAUVOIR, "Le Deuxième Sexe"

"Tu dois partir à la découverte de toi-même, de ce que tu fais et te faire confiance."

BARBARA STREISAND

"Soyez à vous même votre propre flambeau et votre propre secours."

ALEXANDRA DAVID-NEEL

"Etre éduquée en Amérique! Quelle responsabilité! Vous grandissez les oreilles pleines de publicités pour cosmétiques, de chansons d'amour, de descriptions de vies légères, de cancans hollywoodiens et de grands débats sur le niveau moral des variétés mielleuses télévisées. Quelles litanies nous sont chantées par ces publicités pour la belle vie! Quel curieux catéchisme!"

Erica Jong

"Avant tout,souviens-toi que la chose la plus importante que tu puisses emporter partout, ce n'est ni un sac Gucci ni un jeans à la dernière mode, mais un esprit ouvert."

GAIL RUBIN BERENY

"Vivre dans la joie est le meilleur maquillage qui soit."

ROSELYNE RUSSELL

"Vous devez admettre que la plupart des femmes qui ont fait quelque chose de leur vie, ont été mal vues par presque tout le monde."

Françoise Gilot

"Les hommes qui ont épousé des causes impopulaires sont en général considérés comme mal inspirés mais on leur reproche rarement leur morale ou leur masculinité. Les femmes qui sont dans le même cas, sont dénoncées comme dévoyées et jugées non féminines, mot polyvalent très utilisé par les hommes pour décrire presque tout un comportement féminin qu'ils désapprouvent."

Margaret Truman

"Il est profondément humiliant pour mon père de penser à tout ce qui en moi aurait fait son orgueil et sa fierté si j'avais été un homme!"

Elisabeth Stanton (1815-1902)

"L'imagination est le plus haut cerf-volant
sur lequel on puisse s'envoler."

LAUREN BACALL

"Risque! Risque tout! Ne t'occupe plus de ce que peuvent penser ou dire les autres. Fais, pour toi seule, les choses les plus difficiles de la terre. Agis pour toi-même. Fais face à la réalité!"

KATHERINE MANSFIELD (1888-1923)

"Si dans votre vie, vous jouez la carte de la sécurité, c'est comme si vous aviez décidé de ne plus grandir."

SHIRLEY HUFSTEDLER

"Supposons que tu aies essayé et échoué encore et encore, tu peux toujours prendre un nouveau départ à quelque moment que ce soit, car, en effet, ce qu'on appelle échec, ce n'est pas la chute mais bien le fait de ne pas se relever."

MARY PICKFORD (1893-1979)

"L'homme est en régression partout, dans tous les domaines. Il y a une aptitude à l'intelligence beaucoup plus grande chez les femmes maintenant .

MARGUERITE DURAS, "La Création étouffée"

"Aujourd'hui, comme toujours,
le robot ménager le plus automatisé
des ménages est la mère."

BEVERLY JONES

"Je suis pour lui une source de satisfactions,
une infirmière, un meuble, une femme…
rien de plus."

SOPHIE TOLSTOÿ

"Je crois que ce qui froisse une femme,
ce n'est pas tant de se couper en quatre
mais de devoir le faire sans bonne raison."

ANNE MORROW LINDBERGH

"Pourquoi un homme ne peut-il jamais
parler de la sensualité féminine
sans dire d'énormes bêtises."

COLETTE

"Je suis atteinte de cette frénésie qui frappe toutes les femmes aujourd'hui : réussir son couple, l'éducation de ses enfants et son métier. Et ce qui m'étonne encore chez les femmes, c'est qu'elles finissent par y parvenir..."

FRANCE GALL, interview dans Paris-Match, mai 1987

"Nous allons déployer la face cachée du monde, disions-nous, nous affirmerons notre confiance car nous avons la vie avec nous et en nous."

MARIE DENIS
"Dis Marie, c'était comment la rue du Méridien 79?"

"Il est ridicule de choisir un boulot masculin juste pour pouvoir dire qu'une femme l'a fait, "Ouah!". La seule raison valable pour se lancer dans un travail est qu'il s'agit de votre travail et que vous voulez le faire."

DOROTHY SAYERS (1893-1957)
"Les femmes sont-elles humaines?"

"Une femme libérée en est une qui a confiance en elle-même, qui est heureuse de ce qu'elle fait, (...) qui se sent libre dans ses choix."

BETTY FORD

"Oui, je suis sage, mais d'une sagesse pleine de douleur. Oui, j'ai payé le prix fort, mais regardez ce que j'ai gagné!
Je suis pleine de sagesse, je suis invincible, je suis une Femme."

HÉLENE REDDY, extrait de la chanson "Je suis une femme"

"C'est un fait que je peux aujourd'hui avoir toutes les expériences de vie que je veux. Je n'ai pas besoin pour me définir comme femme de faire tel ou tel choix ou d'agir comme ci ou comme ça. J'en suis, un point c'est tout."

CHARLOTTE LECONTE